O 2861

LA BÊTE DU GÉVAUDAN

ET

LE NOUVEAU MONSTRE.

Ce sont des loups ravissans.

SE TROUVE RUE CADET, 19,
ET CHEZ PLUSIEURS LIBRAIRES.

1839.

VINCHON, Imprimeur, rue J.-J. Rousseau, 8.

La Bête du Gévaudan

ET

Le Nouveau Monstre.

PREMIÈRE LETTRE.

J'ai été bien fâchée, ma chère amie, d'être sortie de la ferme lorsque tu es venue avec ta maman ; si j'avais pu m'en douter... Mais le temps était si beau et si doux, après la fonte des dernières neiges, qu'il nous a naturellement invités à aller jouir du premier réveil de la campagne, et respirer le bon air dans les vallons et sur les coteaux ; c'était vraiment un plaisir d'entendre les petits oiseaux gazouiller partout, comme s'ils se réjouissaient de la fin de leur misère, en préludant à leur futur bonheur... Que n'avons-nous eu la même pensée que vous, en dirigeant nos pas vers votre beau village! enfin...

Nous avons fait une promenade longue, mais charmante : nous nous plaisions à examiner les boutons de certains arbustes, qui semblaient grossir et se dilater sous nos yeux. En revenant nous avons remarqué que l'herbe était plus verte, nous avons même aperçu de petites fleurs que nous n'avions pas vues le matin ; tout nous amusait, tout nous inspirait le calme, la tranquillité, la paix, la douceur, la joie. Mais à notre retour j'ai été bien triste, moi qui aime tant à te communiquer mes pensées... Et je ne sais combien de temps il faudra attendre pour réparer cette perte.

Notre promenade nous a conduits jusqu'au bois des **Grands-Ormes**, tu sais, sur ce coteau que tu trouves si délicieux ; je me suis mise à ta place de prédilection et je me plaisais à montrer à mon frère les points de vue que tu préfères.

Après quelques momens de repos, mon père a voulu faire une visite à son ami **M. Helmias**, qui avait plusieurs personnes chez lui ; ils ont parlé des affaires du jour et, contre mon habitude, j'y ai pris assez d'intérêt. **M. Paulin**, que tu connais, était surtout indigné que les partis dissidens de la **Chambre des Députés** se soient déshonorés en faisant une alliance qui doit répugner à tout homme qui a le sentiment de sa dignité et de son opinion. Il disait que les chefs de tous les partis, avec tout leur esprit, venaient de faire une très grossière bévue. Il répétait que c'était leur esprit qui les avait perdus, si une basse passion ne les aveuglait pas... Il n'en exceptait pas même la nuance dont il fait partie.

Après que tous ont eu jeté leur blâme sur cette espèce de connivence, cette union, que certains ont appelée infernale en la comparant à l'anarchie des démons, qui chacun, chef d'un vice particulier et souvent opposé à beaucoup d'autres, ennemis entre eux, se réunissent cependant pour combattre la vertu, comparaison qui m'a paru assez bonne, M. Helmias nous a demandé si nous connaissions la *bête du Gévaudan*. Personne ne répondant, j'ai dit que j'avais entendu quelquefois prononcer ce mot, mais que je n'en savais pas davantage. Eh bien ! fit-il, je puis vous l'apprendre, car j'ai habité assez longtemps le pays pour le connaître et ses habitans.

Mais, ma chère amie, je ne veux pas t'ennuyer en voulant te dire des choses que tu connais peut-être depuis longtemps. Pense à moi comme je pense à toi.

DEUXIÈME LETTRE.

Puisque tu le désires, ma chère amie, je vais faire en sorte de me rappeler tout ce que M. Helmias nous a appris sur la bête du Gévaudan et sur ce pays.

Au milieu des montagnes de la Lozère, on trouve au fond d'une vallée, qui paraît être une des plus profondes vallées de la terre, l'ancienne Mimate, qui a remplacé dans le temps la capitale de la vieille province du Gévaudan, qui s'appelait *Jawouls*. Aujourd'hui Mimate s'appelle Mende, chef-lieu du département de la Lozère.

Mende est une petite ville, une des plus petites et des plus pauvres parmi les chefs-lieux; elle est entourée d'une assez belle promenade qu'on appelle boulevart. Autrefois elle était fortifiée et battait monnaie.

Cette ville n'a rien de remarquable que ses deux clochers, la rivière du Lot qui la baigne, et les montagnes qui la resserrent et la dominent ; mais on pourrait dire : c'est d'elle que doivent sortir un ou plusieurs de ceux qui maîtrisent et enrégimentent les Français, comme il a été annoncé autrefois que celui qui conduirait le peuple d'Israël sortirait de Bethléem, petite ville de Judée.

Ses deux clochers, par leur magnifique architecture et leur hauteur plus qu'ordinaire, paraissent inspirer de l'orgueil aux habitans, et les inviter à sortir de leurs montagnes pour aller dominer sur leurs semblables.

Le Lot, là, près de sa source, n'est qu'une petite rivière qui précipite ses eaux de rocher en rocher, d'abîme en abîme, au fond des plus étroits et sombres vallons, mais qui, grossi fréquemment par les orages, devient un torrent impétueux, noir, rouge et livide, qui entraîne des roches entières façonnées en énormes cailloux, qui rompent et enlèvent toutes les digues et les obstacles qui s'opposent à son cours sauvage.

Les coteaux resserrés, arides et déserts, garnis de rochers tout nuds, paraissent déplorer les ravages que cause cet obscur fils de Neptune, ce violent et furieux descendant des montagnes, en répétant mille fois par leurs échos un horrible fracas : on dirait qu'il apprend aux hommes à ne rien respecter de ce qui s'oppose à leur volonté et à leur intérêt, à employer au besoin la ruse, la rage et la fureur.

La contrée de Mende est la plus hideusement accidentée. Ses montagnes incultes, escarpées, hérissées de roches aiguës, garnies çà et là de bois et forêts aussi anciens que le monde, semblent disposées pour exercer à la fatigue, à vaincre les difficultés, à surmonter tous les obstacles, cette colonie de Phocéens.

— Mais cette province du Gévaudan est surtout renommée par sa bête.

— Ce n'est pas un renard..., le pays en est rempli ; mais chez eux fin contre fin ne vaut rien pour doublure.

— Ce n'est pas un loup; quoiqu'il y en ait beaucoup, on ne les craint guère.

— Ce n'est pas un lion, un ours; on y en voit rarement...

— C'est la hyène, espèce de loup-cervier, animal carnassier, féroce, sanguinaire, toujours vigilant, toujours agissant, épiant sa proie avec un œil vif et perçant, et fondant sur elle avec la promptitude de l'éclair; allant avec une rapidité extrême d'un lieu à un autre, trouvant des retraites partout dans ces montagnes, dans ces bois, dans ces forêts immenses, au fond des cavernes ténébreuses des vieux rochers, qui semblent être des portes de communication avec les antipodes.

La hyène ne s'en prend pas seulement aux animaux, elle attaque encore l'homme, et trop souvent il y en a qui sont ses victimes.

Si la faim ou la soif de sang excitent sa rage et sa fureur, on court de grands dangers; il faut toujours se tenir sur ses gardes, ne pas aller seul dans les forêts sans être armé; de temps en temps faire des battues, la traquer, l'épouvanter par le bruit du tambour, du cor et du fusil.

Si on ne lui fait pas la guerre, elle la fait; elle est ennemie de la paix, jamais elle n'est en repos; toujours alerte, toujours elle se remue, toujours elle agit : on ne la voit jamais dormir; il faudrait qu'elle fût bien gorgée, bien repue de sang pour être tranquille; son sang est comme un mercure animé, sa taille svelte et déliée, sa hauteur de trois pieds, sa longueur de quatre à cinq; ses jambes sont longues et maigres, son allure souple et dégagée, son poil gris et fin, son œil brillant, son regard fier, scrutateur et menaçant, ses dents fortes et pointues.

Pour la ruse c'est un renard, pour la force c'est un lion; pour la cruauté c'est un léopard haut monté, sans taches sur la peau.

Voilà, nous dit M. Helmias, voilà la bête du Gévaudan ; c'est un animal très dangereux et très à craindre : heureusement qu'il n'y en a pas beaucoup, parce que sitôt qu'il en paraît quelqu'une, on lui fait la chasse, et alors elle se cache ou quitte le pays pour longtemps ; mais enfin c'est sa retraite la plus ordinaire, elle y revient toujours, et quelque nouveau malheur annonce son retour.

J'aurais eu envie de voir ces contrées, mais je vous assure, fis-je, qu'elle m'est bien passée.

Il n'y a pas à craindre, reprit M. Helmias, dans les villes et lorsqu'on est en compagnie ; cette bête n'attaque ordinairement que les personnes qui se trouvent seules, éloignées des habitations, et surtout les femmes et les enfans.

C'est un fléau que cette bête du Gévaudan ; mais il y a bien de plus grands maux auxquels nous sommes exposés nous-mêmes et en butte tous les jours; fort heureux quand nous pouvons, par la sagesse et la prudence, les éviter pendant quelques années. Ce sont des hommes ambitieux, qui n'ont rien à perdre et tout à gagner, fiers et orgueilleux, rusés et adroits ; mélange de Druides et de Phocéens, qui ne cherchent qu'à duper les hommes vrais et sincères. Et pour notre grand malheur, les honnêtes gens ne paraissent pas avoir cette vérité assez présente dans l'esprit, du moins si l'on en juge par l'étonnante facilité avec laquelle ils se laissent duper, et voici comment, nous dit M. Helmias.

Mais je m'aperçois que je n'ai pas trop de temps pour répondre à ton charmant billet ; un autre jour je continuerai ce récit.

TROISIÈME LETTRE.

Dans les provinces éloignées des grandes villes, les fortunes y sont ordinairement médiocres, parce que le sol y est ingrat et qu'il n'y a pas de commerce ; néanmoins ceux qui possèdent ces petites fortunes sont d'un orgueil et d'une arrogance qu'on ne voit pas même dans les millionnaires de la capitale. Si leur fortune est mince, leurs besoins sont grands, parce que leurs familles sont très nombreuses ; il n'est pas rare d'en voir de huit, dix, quinze et même de vingt enfans et plus, tous de la même mère.

Le blé et les troupeaux étant presque le seul produit de la terre dans ces pays pauvres, le père de cette nombreuse famille doit user de beaucoup d'économie pour élever tous ses enfans et leur conserver le bien qu'il a reçu de ses parens ; mais encore, pour leur procurer un avenir satisfaisant, il les fait instruire lorsqu'il le peut, et les envoie enfin dans quelque faculté, faire leur cours dans les hautes études ; il est vrai de dire que ces jeunes gens sont ordinairement charmans sous tous les rapports. Ils ont été élevés par des parens qui leur ont donné toutes sortes de bons exemples de religion, de piété, de bonnes mœurs ; aussi ils sont doux, affables et polis. Tous les jours ils ont vu et ils ont déjà éprouvé par leur propre expérience combien, dans ces pays stériles et montagneux, la vie de l'homme a de privations à souffrir ; ils conçoivent, quoique jeunes, qu'ils ont besoin de travailler, de s'instruire, pour se procurer à l'avenir une existence honorable, parce que la fortune de leur père morcelée serait peu de chose pour tant d'enfans. Aussi ils s'appliquent réellement à leurs études ; ils n'ont pas besoin des prix pour les encourager, c'est à qui mieux mieux : on ne voit nulle part une émulation pareille à celle qui existe entre les étudians, dans le pays pauvres et peu commerçans ; et ensuite ils ont une gymnastique particulière, qui fortifie leur corps et développe leurs facultés intellectuelles.

Pendant leurs études, ils font, les jours de congé, de longues et pénibles promenades ; tantôt ils gravissent des montagnes presqu'à pic, franchissent les rochers avec une adresse, une agilité admirables ; tantôt ils couvrent la rivière de leur corps pour se baigner et nager. On en voit qui roulent, en forme de roue, sur leurs mains et leurs pieds avec une vitesse qui étonne, et qui rentrent au collége en s'en promettant de plus belle à la sortie suivante. Tous s'exercent selon leurs forces, et font ce qu'ils peuvent pour atteindre et même dépasser les plus adroits.

Pendant les vacances, ils se livrent à la pêche, à la chasse, à la culture et à toute espèce de travaux manuels ; on est surpris de les voir, du haut d'une petite éminence, s'élancer dans l'eau, les mains serrées et allongées devant la tête, et plonger entre des rochers dans des abîmes profonds, et en sortir quelque temps après, tenant un gros poisson à chaque main, et un autre avec les dents, qu'ils mettent de suite, tout vivans, dans une poêle brûlante sur le rivage : chacun plonge à son tour, tandis que les autres, la montre à la main, sont dans l'inquiétude lorsque le plongeur tarde tant soit peu à reparaître sur l'eau, tout prêts à s'élancer pour lui porter du secours.

A la chasse, ils marchent souvent toute une journée dans des terrains difficiles, incultes et déserts, et s'accoutument ainsi à supporter la fatigue, la faim, la soif, le chaud et le froid. Aussi ils sont hardis, entreprenans, rien ne les étonne ; ils sont constans, rien ne les rebute : leur coup d'œil est rapide et juste, leur esprit cultivé et droit, leur jugement vrai et solide, leur santé robuste, et avec toutes ces qualités ils sont aptes à tout.

Tôt ou tard ils viennent à la capitale pour se perfectionner dans leurs études et acquérir de plus amples connaissances, et avec les dispositions qu'ils ont, on conçoit qu'ils font bientôt de grands progrès dans les sciences qu'ils embrassent. La plupart retournent dans leur pays où ils exercent des fonctions selon leurs talens, et sont l'honneur, la joie et l'amour de leurs parens ; ils s'établissent enfin et épousent des femmes, qui, sans avoir autant d'éclat que dans les grandes villes, possèdent ces vertus qui honorent la vie domestique et en font le bonheur. Compagnes attentives de leurs maris, elles joignent à la vivacité de l'amour, le zèle constant et délicat de l'amitié ; elles remplissent tous les devoirs de mère ; d'une chasteté irréprochable, elles poussent la bienséance jusqu'à se défendre le vin : leur conduite est pieuse et pure ; leur vie est douce et tranquille ; leur union est une véritable félicité pour elles et pour leurs époux, et un bon exemple pour la société.

Mais il y en a parmi le grand nombre qui prennent une route toute différente, et se jettent au milieu du tourbillon des affaires, soit qu'ils aient peu de ressource dans leur pays, soit qu'ils soient poussés par l'ambition ou par le désir de s'élever au-dessus de la position de leurs pères et de monter par échelons jusqu'aux emplois les plus hauts et les rangs les plus brillans.

Ceux-ci, doués d'un caractère spirituel et subtil qui s'est beaucoup fortifié et développé par l'étude ; sachant employer la souplesse et l'adulation selon les circonstances ; ayant des connaissances assez étendues; joignant à un jugement prompt et juste, un courage et une constance au-dessus de toute épreuve, sont disposés à tout entreprendre pour parvenir à leur but, qui est la fortune. Ils entrent d'abord dans une carrière, où ils puissent se faire remarquer en faisant valoir leurs connaissances et briller leur esprit; ils ont l'adresse et la finesse à leur disposition, ils sont intrigans, ils trouvent bientôt le moyen d'avoir des relations avec les talens les plus distingués ; ils étudient leur faible, ils les flattent, et, par leur modestie et leur apparente humilité, ils se font aimer et même désirer : ils ont la ruse et la prudence de tout entendre, de tout écouter, de tout examiner avant de se prononcer; et alors, appuyés sur les connaissances des autres comme si elles leur étaient familières, ils font admirer leur intelligence, leur capacité, leurs grandes connaissances et leur esprit, en prononçant un jugement juste et profond sur des choses qui leur étaient étrangères ; ils so regardés comme des hommes universels, et se jettent dans la politique du côté qui leur paraît le plus facile pour monter au sommet de la fortune ; ils parviennent à être quelque chose, et alors beaucoup de babil, beaucoup de paroles ; ils font parade de la plus austère équité, de l'humanité la plus compatissante, du dévouement le plus absolu; ils se font prôner par leurs amis, par la bouche de la Renommée : ils savent très bien que dans le monde on ne connaît et on n'estime les hommes que par les dehors et par ce qu'on en dit publiquement ; par tous ces moyens et par leurs intrigues ils se font chefs de quelque parti, qu'ils traînent déjà à leur suite comme un berger ses moutons ; rien ne leur coûte pour grossir leur importance : ils ne se rebutent de rien ; ils emploient tous les moyens qui peuvent les servir, sans oublier la critique ; tout ce que les autres font est mal ou imparfait, parce que ce n'est pas eux qui l'ont fait ; ils l'auraient fait différemment, dans des circonstances plus opportunes ; ils l'auraient fait mieux, beaucoup mieux ; il n'y aurait pas manqué un point, une virgule: enfin on les croit, et à force de ruse et de travail, d'intrigues et de mal, ils arrivent à l'apogée du bonheur ; voilà ces ambitieux, ces hommes avides placés sur le Mont-d'Or ; nous savons d'où ils sont partis et ce qu'ils nous ont promis. Et nous sommes certains aussi qu'ils sont d'excellens administrateurs, et nous en serons bientôt convaincus par les fruits qu'ils vont en retirer.

Il ne leur faut pas beaucoup de temps pour payer les dettes contractées pour cause, ni pour acheter de belles terres, de beaux châteaux ou hôtels, des maisons de campagne ; avec cela ils prêtent de l'argent et de l'or à leurs parens, à leurs amis ; ils se nantissent, à tout événement, d'une bonne propriété dans quelque nation voisine, et ils n'oublient pas de placer une somme ronde sur les banques les plus solides. Propriétaires, cultivateurs, commerçans, vous tous enfin qui travaillez à la sueur de votre front et qui payez....., voyez, examinez et jugez si nous devons désirer d'avoir souvent de tels hommes pour les engraisser, pour remplir leurs coffres vides, pour les apanager.

Ces phénix tant renommés, exposés aux regards de tous, occupés surtout à aimanter, argenter et dorer leurs plumes, aux dépens du budget des fonds secrets qu'ils augmentent au lieu de les diminuer, des fonds sans emploi, des crédits exorbitans, du tour de bâton enfin auquel ils sont fort habiles, ne sont pas longtemps sans laisser apercevoir des défauts et ce qu'ils sont ; ils ne font pas mieux que les autres, excepté leurs affaires aux dépens de ceux qui paient ! Tiennent-ils leurs promesses ? on l'a éprouvé ; ils les diffèrent et les réduisent à rien ! Leurs sentimens sont-ils meilleurs ? hélas ! tout le monde le sait ; loin d'être plus affables, leur hauteur révolte et dégoûte ! ils repoussent avec dédain, ils résistent avec cruauté et barbarie ; aussi leurs amis saisissent cette occasion pour se joindre à leurs ennemis, et crient de toutes leurs forces après eux, pourquoi ? parce qu'ils ont envie, eux aussi, de terres, de châteaux, de rentes, de diamans : Ne voyez-vous pas, disent-ils, que les impôts au lieu de diminuer, sont augmentés, et encore ils ne suffiront pas, à coup sûr ; vous le verrez par les crédits qu'ils demanderont. En effet, l'expérience a prouvé plusieurs fois qu'ils ne traitent pas les affaires publiques mieux que d'autres, et quand même ils n'auraient pas besoin d'être engraissés, que leur ambition fût désintéressée, quand même ils auraient un peu plus d'esprit, de connaissances, ils seraient bien moins aptes pour ces postes éminens, que ceux dont le nom est connu et honoré dans les nations voisines ; en voici la preuve : notre législation proclame que tous les Français sont admissibles aux mêmes emplois !... Nos hommes de talent, d'esprit, de grande capacité, de quel œil verraient-ils si notre bon roi nommait ministre un simple bourgeois ? Sans doute, ils diraient de suite que cela n'est pas parlementaire.

De quel œil veulent-ils donc que les ministres étrangers regardent un moricaud député ; ils ne manqueront pas de dire que cela n'est pas noble : et noble chez eux est aussi beau que chez nous parlementaire.

Que nos parvenus commencent d'abord à n'être pas si hauts, si durs, si insolens envers leurs semblables, et avec tout leur esprit, ils ne feront pas de longtemps que ceux-ci qui tiennent le timon des affaires dans les nations voisines traitent d'égal à égal avec eux. Il faut en tout garder les convenances, si on ne veut pas que les affaires en souffrent.

Enfin nos nouveaux grands hommes d'état sont forcés de descendre du Mont-d'Or, ils quittent le banc de douleur ; ils ont été si accablés d'affaires, qu'ils n'avaient pas un moment de loisir, à peine avaient-ils le temps de manger et de dormir.

Je conçois, en effet, qu'ils étaient très occupés, car les affaires de l'état sont très difficiles et très multipliées. A la vérité ils avaient des aides, mais leurs affaires, ils les ont faites à eux seuls !

Aussi ils sont très las, très fatigués, leur santé en est altérée, il faut qu'ils aillent prendre l'air de la campagne, voyager. Ils dressent leur itinéraire, et d'abord ils arrivent dans un château que leur enfance n'avait pas vu, que leur père n'avait jamais habité ; ils y trouvent des bas-reliefs, du blason, et ils disent : c'est très beau, il faut le conserver ; car je pourrais peut-être un jour le regretter. Le concierge s'empresse de se présenter en disant : c'est à nos nouveaux seigneurs que j'ai l'honneur de parler? — Oui, mon ami. Pleins de joie de la beauté de ce manoir, ils partent pour aller visiter une terre que leurs ancêtres n'avaient jamais fait cultiver, et les fermiers sont encore très curieux de voir et de connaître leurs nouveaux seigneurs.

Ils partent encore de là, ils quittent ces bagatelles pour aller voir des propriétés plus importantes, des possessions lointaines qu'ils ont su se ménager pour n'avoir pas, comme on dit, tous leurs œufs dans le même panier ; et après avoir tout visité en grand, il se trouve que l'air leur a fait du bien, ils se portent mieux, leur santé est assez bonne ; le grand air leur a donné de l'appétit; ils n'en ont pas assez rogné la première fois, ils reviennent donc au pied du Mont-d'Or, ils essaient de le monter, de le tourner, de l'escalader ; et si on leur résiste, si leurs efforts sont impuissans, ils deviennent furieux ; alors ils s'arment de toutes pièces, ils veulent l'emporter de vive force; le gros calibre est mis en avant; les grands principes, l'honneur national, l'amour de l'humanité, le bien public, la dignité, la puissance de la nation méconnue !

« Tout cela est bel et bon, me disait l'autre jour, le fermier voisin, en lisant le journal ; voilà encore qu'ils chantent la palinodie ; ils sont encore affamés, ils ne nous ont pas encore assez volés, ils veulent revenir à la charge, à nous duper encore; ils nous avaient promis qu'ils diminueraient les impôts, et ils ont grossi le budget et augmenté les fonds secrets; c'est un mauvais précédent que nous leur devons et qui restera encore longtemps. Lorsqu'ils y étaient, ils n'ont rien fait de ce qu'ils avaient promis; ne vont-ils pas nous faire croire que les vessies sont des lanternes. Est-ce que nous ne sommes pas heureux et tranquilles, et même plus que lorsqu'ils nous gouvernaient; ceux qui y sont maintenant n'ont pas besoin d'acheter des terres, ils en ont ; ils n'amassent pas, car ils dépensent non seulement leur traitement, mais encore le revenu de leur patrimoine. Mais ces criards-là n'ont que des paroles, un peu d'esprit et beaucoup d'ambition à nous offrir pour pressurer la France; car je ne comprends rien à tout leur bavardage; ils disent :

« Qu'il ne fallait pas évacuer Ancône, mais on s'y

était engagé ; qu'il fallait demander un gage, mais il me semble qu'il y a plus de grandeur, de force et de loyauté à quitter purement ce qui ne nous appartenait pas et que nous avions promis de livrer.

» Ils veulent qu'on intervienne en Espagne ! mais nous avons posé le principe que chacun ferait ses affaires en famille.

» En Belgique ! S'il y a des traités, il faut qu'ils soient exécutés. Où en serions-nous, si la partie lésée pouvait briser les contrats selon son caprice.

» Ils veulent que le roi soit nul pour les affaires de l'état, comme ils prétendent que Dieu est nul ou du moins indifférent pour la conduite de l'univers qu'il a créé. Ces messieurs veulent que Dieu et le roi soient dans un repos absolu. Cependant ils ont le droit de déclarer la guerre et de traiter de la paix ; d'enchaîner les vents et de soulever la tempête ! Quand, comment et pourquoi, Dieu et le roi ont-ils ce droit ? Autrefois, les grenouilles avaient plus de grandeur, d'instinct, que ces messieurs n'ont de grandeur d'ame ! elles ne voulurent pas d'un soliveau pour roi.

» Que crient-ils encore ? Contre les réunions de personnes pieuses et inoffensives, comme s'il n'y avait pas assez de filles qui peuplent les hospices d'infortunés, au point qu'ils en regorgent.

» Que demandent-ils ? Ils demandent les honneurs, les dignités, les richesses pour eux et la liberté, sous le prétexte de demander tout cela pour tous, pour le peuple; ils ne veulent pas même accorder un peu de tout cela au roi, tant ils sont éloignés de l'accorder au peuple ! Et ne savons-nous pas de quoi ils sont capables? ils sont ambitieux, arrogans, durs jusqu'au dernier degré. Sous leur domination les Français seraient bientôt pauvres, malheureux et esclaves, pire que des Russes. Ce sont des serpens qui flattent pour mieux donner le coup de la mort. »

Ce bon fermier, nous dit M. Helmias, suivait la droite raison en s'exprimant ainsi ; son expérience lui a fait apprécier ce que valent les nouveaux parvenus et leurs promesses, qui n'ont servi, dans tous les temps, qu'à duper le peuple.

Il y a dix-huit mois que les ministres actuels, forcés par une opposition tracassière, pour ne rien dire de plus, furent forcés de dissoudre la Chambre. Cette chambre, comme il est dit dans l'Évangile, animée d'un esprit impur, s'en fut, et cet esprit impur prit avec lui sept autres esprits plus méchans que lui ; et le dernier état de la Chambre est devenu pire que le premier. Ils s'y sont réunis comme des démons.

Trois partis, dissidens entre eux en peu de chose, mais ne voulant pas en former un seul, espérant par là parvenir plus tôt à satisfaire leur ambition, se sont enfin rapprochés pour triompher plus facilement ; mais voyant leurs efforts inutiles et impuissans, ils se sont fondus avec les partis extrêmes.

Ceux-ci ont accepté leurs offres dans le dessein de brouiller les cartes, de troubler la paix et l'harmonie intérieure, et de nous ramener les lys, l'aigle ou la république avec toutes les fureurs de l'anarchie.

Il n'y avait pas moyen de rien faire de bon avec la rage et la fureur dont ils rugissaient comme des lions.

La Chambre est dissoute de nouveau ; reviendront-ils avec leurs ambitions, leurs espérances coupables? Ce n'est pas à désirer; mais il y a un adage qui dit : la première fois, c'est gratis; à la seconde, on doit ; et à la troisième, on paie; *prima, gratis; secunda, debet; tertia, solvet.*

Nos libertés, avec le gouvernement actuel, ne sont pas en danger; tous les cris de l'opposition sur ce point ne viennent que de son ambition déchue ; c'est à elle que nous devons tout le mal, c'est au monstre Coalition dont M. Paulin nous fit le tableau et dont je te ferai part prochainement.

Le Nouveau Monstre,

ou

LA RISÉE DE L'EUROPE

ET L'EFFROI DE LA FRANCE.

QUATRIÈME LETTRE.

Quoique les peintres et les poètes puissent tout oser, dit Horace, cependant ils ne se sont jamais avisés de joindre une tête humaine à un cou de cheval et d'y attacher des membres de toute espèce, qui seraient revêtus de plumes de différens oiseaux, de manière que le haut de la figure représentât une belle femme et l'autre extrémité un poisson hideux.

Non, les peintres et les poètes n'ont jamais abusé de leur droit pour allier les contraires, pour accoupler les serpens avec les colombes, les agneaux avec les tigres, crainte de faire rire à la vue d'un tableau de cette espèce.

Ce que les peintres et les poètes n'ont jamais osé faire, les différens partis de l'opposition en France viennent de le faire.

S'il n'y a pas invention, l'exemple est hardi, il y a progrès !

Et c'est une chose inconcevable, que des hommes à principes de droit divin, à prérogatives héréditaires, qu'ils prétendent être aussi anciennes que le monde ;

Que des hommes religieux, constamment fidèles à leurs devoirs, des hommes qui proclament la souveraineté de Rome, des jésuites séculiers, des congréganistes ;

Que des hommes, ennemis de toute prérogative et de tout privilége ;

Que des hommes ennemis des rois et de toute autorité au-dessus de la leur ;

Que des hommes qui demandent la liberté illimitée pour devenir les tyrans des autres ;

Que des hommes, avides de meurtre et de sang, qui désirent l'égalité, l'anarchie ;

Que des hommes, athées et impies, qui ne reconnaissent pas de Dieu et qui blasphèment contre la religion, qui ne respectent aucun droit et qui veulent qu'on respecte les leurs ;

Que des hommes, sans frein, sans mœurs, qui croient n'être pas plus que des animaux ;

Que des hommes ambitieux et avides des biens, des honneurs et de la gloire des autres ;

Que des hommes présomptueux, qui se croient plus capables que d'autres ;

Que des hommes envieux et jaloux de voir la paix, la tranquillité, la prospérité dont nous jouissons, par cela seul qu'ils n'en sont pas les auteurs ou que leur ambition déchue est lasse d'attendre ;

Que des hommes, ennemis acharnés de la France, du repos et du bonheur du peuple.

Oui, il est inconcevable que tous ces hommes, avec leurs diverses nuances, ennemis entre eux par leurs opinions, leurs mœurs et leurs sentimens, que ces hommes éminemment spirituels, ingénieux et capables, aient trouvé l'admirable invention de former un seul tout, de tous leurs élémens hétérogènes, de tous leurs principes contraires, afin de briser le gouvernement sous lequel nous jouissons de tous les biens que nos pères et nous avions désirés; et cela au risque de faire leur propre malheur et celui de toute la société, et qu'ensuite ils se soient réservé le droit d'employer tous les moyens pour faire triompher leur opinion et de sacrifier notre fortune, notre commerce, notre sang et notre vie même pour élever leur idole !

Quelle lutte difficile, longue et pénible ! pauvre France !

Que de maux la propriété, l'agriculture, le commerce n'auraient-ils pas à souffrir avant qu'elle fût terminée.

Quel orage ! quelle bourrasque ! quelle tempête effroyable ! Jamais tant de vents contraires n'ont exercé ensemble leur fureur pour bouleverser la mer.

Il n'y a que de vrais démons qui puissent avoir un tel dessein !

Mais non : nous en avons un exemple sous les yeux. Les partis dissidens, impuissans chacun en particulier pour troubler le calme de la France, se réunissent par un art diabolique pour venir à bout de leurs noirs desseins, et ils se sont mis sérieusement à l'ouvrage pour former leur coalition, pour composer ce tout monstrueux ; chacun a fourni sa matière pour ériger ce colosse hideux. En voici les matériaux, le portrait et le but :

L'un porte une tête ornée d'un lis ;

Un autre porte une tête armée d'un poignard ;

Celui-ci porte une tête coiffée d'un bonnet carré ;

Celui-là porte une tête armée d'une faux ;

Tous enfin portent des têtes pour bâtir et composer le monstre Coalition, et toutes ces têtes ont chacune leur emblème différent : pour les unes, c'est une croix, des caractères jésuitiques, des signes cabalistiques, la dîme, la gabelle, la Bastille, la potence, de lourdes chaînes arrachées au fond des châteaux ; les autres sont armées de lances, de piques, d'épées, de couteaux et de toute espèce d'armes meurtrières avec les bonnets rouge et noir.

Cependant on en voit qui ont pour emblème le coq gaulois; ce joli animal, si hardi et si courageux, si orgueilleux et si fier de sa liberté naturelle et familière, dont il n'abuse jamais.

Mais ici il paraît triste et abattu, gêné dans sa marche, humilié et flétri.

Ensuite on en voit d'autres avec l'aigle; le vautour, le hibou, la chouette, tous les oiseaux de proie, tous les oiseaux nocturnes qui agissent dans l'ombre, tous les oiseaux de sinistre augure, accompagnent quelques têtes.

On voit enfin plusieurs têtes, et, à côté, d'énormes portefeuilles vides.

Voilà ce hideux assemblage, ce colosse effroyable, le monstre Coalition.

Ce monstre, cimenté et formé avec beaucoup de peine et de labeur, est enfin organisé; il est mu par toutes les opinions, les mœurs et les sentimens des têtes qui le composent; il se dresse, il se montre, il se présente, et le ministère est consterné; il a peur! Et qui n'aurait pas peur d'un monstre si horrible par l'union des partis qui le composent?

Ensuite ce monstre parle, et parle beaucoup, et il sait bien ce qu'il dit.

Mon composé, dit-il, est de deux cent treize volontés différentes, autant que j'ai de têtes.

Je ne sais pas ce que je veux, quoique chacune de

mes deux cent treize têtes le sache pour ce qui la regarde.

Cependant je sais une chose, et toutes mes têtes sont d'accord sur ce point, et pour cause.

Ministres, c'est d'abord que vous quittiez vos portefeuilles, parce que, disent plusieurs de mes têtes, il y a assez longtemps que vous les avez, et que vous n'aviez pas besoin de ce poste, puisque vous aviez de la fortune avant d'y entrer; au lieu que ces têtes allongées, symbole de l'envie, sont si maigres, qu'elles ont besoin de vos portefeuilles pour s'engraisser, et leurs parens, et leurs amis et leurs créatures, et qu'elles savent très bien profiter du tour de bâton.

Ministres, dit encore le monstre Coalition, quittez vos portefeuilles, parce que vous êtes trop fidèles aux principes proclamés, et qu'à cause de cela vous n'intervenez pas en Espagne; tandis que quelques-unes de mes têtes, qui se livraient à l'agiotage, auraient besoin d'y envoyer et d'y sacrifier quelques cinquantaines de mille Français, afin d'avoir les quelques millions qu'elles y ont exposés pour en tirer de gros intérêts.

Ministres, dit encore le monstre Coalition, quittez vos portefeuilles, parce que vous avez fidèlement exécuté les promesses en évacuant Ancône simplement et sans arrière-pensée, et que la force, la puissance, la grandeur d'ame, la dignité, demandaient un gage; parce qu'il faut avoir peur, il faut avoir de la méfiance, de la mauvaise foi, et que vous avez fait tout le contraire en la livrant loyalement.

Ministres, dit encore le monstre Coalition, quittez vos portefeuilles, parce que vous ne paraissez pas vous opposer à ce qu'on exécute le traité que nous avons fait avec les puissances touchant la Belgique, et que plusieurs de mes têtes ne sont pas d'avis de tenir nos promesses, et cela pour différens motifs.

En ce moment toutes les bouches du monstre Coalition font entendre un bruit épouvantable: « Oui, s'écrient-elles, ministres, quittez vos portefeuilles, parce que chacune de nous veut quelque chose de cela, ou de semblable; mais après que vous aurez quitté vos portefeuilles, nous savons encore une seconde chose sur laquelle nous sommes d'accord:

« C'est qu'il est certain que nous voulons toutes nous battre à qui les aura! Oui, nous voulons toutes nous battre à mort à qui l'emportera. »

Le Palais-Bourbon est ébranlé par cet épouvantable cri; on dirait que *la bête du Gévaudan est au milieu;* tous les échos d'alentour le répètent mille fois, et les flots de la Seine en paraissent agités et troublés.

A la vue de ces figures effroyables et effrayantes, à ces cris, à cette fureur, à cette confusion d'idées et de langage, à la vue d'un pareil monstre, le ministère, éminemment prudent et sage, se retire, et la France par son silence paraît consternée et désolée.

Alors le monstre Coalition ouvre ses quatre cent vingt-six yeux pour que chaque tête reconnaisse et combatte son adversaire, et il se voit sans bras.

Il fait un effort pour se mouvoir, et il se voit sans

jambes et sans corps ; et en voyant ses deux cent treize têtes il se voit sans tête et reconnaît l'impossibilité d'en trouver une ; cependant, ô prodige ! il existe.

Cette merveille s'explique facilement. Le ministère veillait sur lui, le protégeait, était sa providence, lorsque tout à coup il le délaisse et une main puissante le frappe, et voilà le monstre Coalition qui se disloque, chaque tête roule de son côté ; on les voit dans les rues, monter dans les voitures publiques, courir la poste sur les grandes routes, passer les fleuves, franchir les montagnes, traverser les bois et les forêts, courir çà et là pour trouver, dit-on, chacune un corps, deux bras, et deux jambes, avec tout l'accessoire.

Du moins cette déconfiture-là a égayé un peu la France, surtout lorsqu'elle a vu que le gouvernement suivait sa marche ordinaire.

Mais on prétend qu'elles vont revenir toutes le 26 mars 1839 pour former un monstre Coalition bien plus énorme, bien plus redoutable, bien plus effroyable, bien plus épouvantable que le premier.

Car il aura pour les deux cent treize têtes deux cent treize corps, quatre cent vingt-six bras, quatre cent vingt-six jambes, deux cent treize nez, quatre cent vingt-six oreilles, deux cent treize bouches, six mille huit cent seize dents, quatre mille deux cent soixante doigts ; il ne lui manque que des queues pour être le prototype de l'hydre de Lerne.

Toutes ces bouches parleront en même temps, chacune selon son opinion ; tous ces bras gesticuleront en sens divers.

Toutes ces jambes manœuvreront contrairement sous cet épouvantable Gargantua.

A Paris, chacun dans les différens états va faire l'impossible pour avoir sa pratique, et tout le monde s'attend à y voir arriver l'horrible et colossal monstre Coalition le 26 mars.

Ponts-et-Chaussées, réparez et consolidez bien le pavé des routes, car elles vont subir une rude épreuve.

Architectes, examinez attentivement si les ponts sont solides, de crainte qu'ils ne s'écroulent sous cet énorme fardeau.

Maçons, menuisiers, élargissez la porte du Palais-Bourbon, agrandissez la tribune, les bancs, tout ; n'oubliez pas même la petite porte du numéro 100.

Ceux qui l'ont vu et ceux qui ne l'ont pas vu dans sa première existence pourront donc le voir augmenté et complet. Mais que les femmes enceintes ne s'avisent pas d'aller à sa rencontre, parce que cette vue pourrait leur être nuisible. Et quel malheur pour la France si beaucoup de femmes avaient de pareilles envies ; le pain deviendrait trop cher, et ensuite quel embarras pour les curés pour baptiser toutes ces têtes ; il faudrait qu'ils employassent des mathématiciens pour numéroter toutes ces têtes, de crainte d'en oublier quelqu'une ; et combien d'autres malheurs en proviendraient, c'est désolant d'y penser. Ainsi, de grâce, qu'elles n'aillent pas le voir.

Ceux qui ne courent aucun danger feront bien d'aller le voir aussitôt qu'il arrivera, parce qu'un riche spéculateur se propose de lui offrir un honnête marché; cela pourrait bien ne pas lui déplaire, et après il faudra payer, au lieu que le 26 mars ce sera gratis. Mais s'il arrive, ce qui est très douteux, je ne voudrais pas rester dans son quartier, car s'il s'avisait de remplir simultanément toutes ses fonctions naturelles, il pourrait bien causer une inondation et empoisonner tout le voisinage. Et qu'on dise après cela que le monstre Coalition n'est pas pire et plus à craindre que la bête du Gévaudan.

www.ingramcontent.com/pod-product-compliance
Lightning Source LLC
Chambersburg PA
CBHW060706050426
42451CB00010B/1289